Johann Joachim Winckelmann

Johann Winckelmanns Briefe an Herrn B.

Johann Joachim Winckelmann
Johann Winckelmanns Briefe an Herrn B.
ISBN/EAN: 9783743470279
Hergestellt in Europa, USA, Kanada, Australien, Japan
Cover: Foto ©ninafisch / pixelio.de

Weitere Bücher finden Sie auf **www.hansebooks.com**

Johann Winkelmanns
Briefe
an
Herrn H.

Leipzig
bey Carl Friederich Schneidern.
1776.

I.

Winkelmanns Briefe
an
Herrn H.

Rom. den 22ten Dec. 1764.

Ein Schreiben, wie dasjenige ist, womit Sie mich beehret haben, hätte augenblicklich beantwortet zu werden verdient, wenn ich nicht bey Gelegenheit der Absendung, der Handschrift meines Versuchs über die Allegorie, und also, ohne Ihnen Kosten zu verursachen, schreiben wollen. Dieses mühsame Werk, welches vornehmlich auf die Kunst gerichtet ist, ist, viele Jahre hindurch eine Nebenbeschäftigung für mich gewesen, und es sind in demselben verschiedene Stellen der griechi-

griechiſchen Skribenten erklärt, und einige verbeſſert. Es wird auf Oſtern erſcheinen, und vielleicht ein ganz Alphabeth betragen. Mein großes italieniſches Werk geht langſam, weil derjenige, mit welchem ich es gemeinſchaftlich übernommen hatte, fallit gemacht, und alſo die Koſten auf mir allein liegen.

Das erſte Wort meines Schreibens hätte Dank und Preis ſeyn ſollen für die Nachricht der mir von einer erleuchteten und berühmten Geſellſchaft erzeigten Ehre, welches die erſte öffentliche in meinem Vaterlande iſt. Aus Berlin, wo ein franzöſiſcher Deſpotismus in der Akademie herrſcht, konnte ich dieſes nicht hoffen. Ich nehme Ihre Auffoderung willig an, der Societät mit Nachrichten von hier aufzuwarten; ich würde aber Sachen, welche die Gelehrſamkeit allein betreffen, nicht berichten können, weil ich gegen das Allerneueſte in dieſer Art etwas gleichgültig bin. Denn was gut iſt, verliert nichts bey mir, wenn ich auch der letzte bin, der es erfährt. Ich leſe weder Zeitungen noch gelehrte Blätter, und da mein einziger Umgang und Freund mein Herr iſt, der Patriarch und Archimandrit der Alterthümer, ſo habe ich keine Gelegenheit, gelehrte Neuigkeiten zu nu-
ṡen

I. Brief.

ßen und anzubringen. Ich höre dergleichen von meinen Kollegen in der Vatikana, aber mit halbem Ohre, und mache, was ich zu thun habe. Ich ersuche Sie indessen, mir wissen zu lassen, was für einen Gebrauch man von Nachrichten, die ich geben kann, zu machen gesonnen sey, damit ich den Entwurf derselben darnach einrichten könne. —

Sie haben, mein Freund, einen Griechen gewählt, der Ihrer Einsicht würdig ist. Mich däucht, ich habe in den neusten Nachrichten etwas über eine Stelle desselben gesagt, aber ich weis nicht was; denn, da ich allein alles schreiben muß, kann ich keine Abschrift für mich machen. Hier haben Sie eine magere Nachricht von den Handschriften des Apollonius in der apostolischen Bibliothek.

In der alten Vatikana sind zwey Kodices, nemlich N. 1691 u. 1358

In der Heydelbergischen drey nemlich N. 150
186
280

In der Urbinatischen ein einziger N. 146.

No. 1691 ist in klein Folio, auf Pergament, mit

mit den Scholien, sehr sauber geschrieben scheint aber aus dem funfzehnten Jahrhundert. N. 1358. in Quart, auf Papier, ohne Scholien, war ehmals des Fulvius Ursinus, und ist noch neuer als jener. N. 150. in Quart, auf Papier, mit Scholien, enthält nur drey Bücher, und ist nicht älter, als der vorhergehende. N. 189. in klein Folio, auf Pergament, aber ohne Scholien, von gleichem Alter. N. 280 in Quart, mit Scholien, ist der älteste unter allen, aber doch nur aus dem vierzehnten Jahrhunderte, wie es scheint. N. 146. auf Papier, mit Scholien, scheint von eben dem Alter.

In N. 280 sind Scholia interlinearia, aber unerhebliche, als Lib. 1. v. 35 über αὐτόσχεδον stehet εὐθέως. v. 45. über δηρὸν, ἐπιπολὺ. v. 88. πησσύνη, συγγένεια. v. 89. über εὐρήνεσσιν, καλοπροβάτοις. Ueber alle nomina propria steht eine Horizontallinie z. B. Ἰήσων. Πελίην, Ὀρφεὺς.

In der griechischen Litteratur stehen wir schlechter in Italien, als man auswärts glaubt. In Rom ist nur ein einziger a cui (wie man zu reden pflegt) non crochia il fero nel greco. Die beyden griechischen Professoren, außer mir, in der Vatikana
können

I. Brief.

können zur Noth einen Kirchenvater langsam buchstabiren. Der vorher erwähnte Mann, heißt Giacomelli, ist Prälat, und Segretario delle Lettere ad principes. Ihm, und der griechischen Sprache habe ich die ersten Schritte, die ich in Rom gemacht habe, zu danken.

Um nicht mit leerer Hand zu erscheinen, und meine Willfährigkeit zu zeigen, theile ich Ihnen ein Paar Inschriften mit, welche vor einem Monat, etwa drey Milien jenseit Veletri in einem Weinberge, entdeckt sind. Es stehen dieselben beyde auf einer Begräbnißurne von etwa 6. Palmen lang, und zwar beyde auf der vordern Seite. Es war das Begräbniß des Vaters des Heliogabalus. Ich gieng selbst dahin, und habe sie in einem großen Plazregen abgeschrieben.

ΣΕΞΤΩ ΟΤΑΡΙΩ ΜΑΡΚΕΛΛΩ
ΕΠΙΤΡΟΠΕΥΣ ΑΜΠΥΔΑΤΩΝ ΕΠΙ-
ΤΡΟΠΕΥΣ ΑΝΤΕΠΑΡΧΕΙΟΥ
ΒΡΙΤΑΝΝΕΙΑΣ ΕΠΙΤΡΟΠΕΥΣ
ΑΝΤΛΟΓΩΝ ΠΡΕΙΒΑΤΗΣ ΠΙ-
ΣΤΕΥΘΕΝΤΑ ΜΕΡΗ ΤΩΝ ΕΠ-
ΑΡΧΩΝ. ΤΟΥ ΠΡΑΙΤΩΡΙΟΥ. ΚΑΙ
ΡΩΜΗΣ

ΡΩΜΗC ΛΑΜΗ ΡΩΤΑΤΩ ΑΝ-
ΔΡΙ. ΕΠΑΡΧΩ. ΕΠΑΡΙΟΤ CTA-
ΤΙΟΤΙΚΟΥ ∅ ΗΓΕΜΟΝΙ ΛΕ-
ΓΙΩΝΟC. ΑΥΓΟΥCΤΗC ΑΡ-
ΞΑΝΤΕΠΑΡΧΕΙΟΥ ΝΟΥΜΙΔΙΑC
ΙΟΥΛΙΑ COAIMIAC. BACCIANH.
CΥΝΤΟΙC ΤΕΚΝΟΙC ΤΩ ΠΡΟC
ΦΙΛΕCΤΑΤΩ. ΑΝΔΡΙ. ΚΑΙ. ΓΛΥ-
ΚΥΤΑΤΩ ΠΑΤΡΙ ∅ *)

*) muß also gelesen und verbessert werden:
Σέξτῳ Οὐαρίῳ Μαρκέλλῳ, ἐπιτροπεύσαντι ὑδάτων, ἐπιτροπεύσαντι ἐπαρχία
Βριταννείας, ἐπιτροπεύσαντι λόγων πρει-
βάτης, πιστευθέντι τὰ μέρη τῶν ἐπαρ-
χῶν τοῦ πραιτορίου καὶ Ῥώμης, λαμ-
πρoτάτῳ ἀνδρί, ἐπάρχῳ ἐραρίου στρα-
τιωτικοῦ, ἡγεμόνι Λεγιῶνος Αὐγούστης,
ἄρξαντι ἐπαρχείου Νουμιδίας Ἰουλία
Σοαιμιὰς Βασσιάνη σύν τοῖς τέκνοις, τῷ
προφιλεστάτῳ ἀνδρί, καὶ γλυκυτάτῳ
πατρί. Das Lateinische ist die Uebersetzung davon.

SEX. VARIO. MARCELLO
PROC. AQAR. C. PROC. PROV.
P R̄ T. C̄C̄. PROC. RAT̄ONIS ∅
PRIVAT. CCC. VICE. PRAEFF.
PR. ET. VRBI FVNCTO ∅ C ∅
V.

I. Brief.

V. PRAEF. ⊘ AERARI. MILITA-
RIS ⊘ LEG ⊘ LEG ⊘ AVG ⊘
PRAESIDI. PROV. NVMIDIAE ⊘
IVLIA SOAEMIAS BASSIANA ⊘
C ⊘ F ⊘ CVM FILIS ⊘ MARI-
TO ET. PATRI. AMANTISSIMO ⊘

Diese Inschriften könnten Stoff zu einer artigen gelehrten Abhandlung geben, um so viel mehr, da niemanden die Abschrift derselben mitgetheilt ist, die ich allein nur habe. Ich fand einen schönen Kopf des Kommodus in eben dieser Vigna, welchen ich dem Herrn Kardinal schenkte.

Zum Beschluß muß ich Ihnen sagen, daß ich bin, wie Sie mich gekannt haben, meiner Niedrigkeit bewust (σκιᾶς ὄναρ ἄνθρωπος) und erkenne, daß das, was Sie mir geben, weit über mir ist. Ich schreibe frey, aber ich denke, rede und handele nicht auf gleiche Art.

Von dem Polybius des Herrn Ernesti habe ich noch keine Nachricht. Seinen Homerus erwarte ich jezo aus der Schweiz. Einen solchen Mann schaue ich an mit überwärts gebeugtem Haupte, wie bey Betrachtung eines erhabenen Tempels, und überbeñte hierauf sein Verdienst mit niedergeschlagenen Augen. Machen Sie demselben eine tiefe Ehrenbezeugung in meinem Namen, aber recht sehr tief, wie ich dieselbe mit einem gekrümmten Rücken machen würde.

La tanta ſtrepitoſa ſpedizione de Miſſionari letterarie antiquari Daneſi ha fatto naufragio. Uno ſolo é rimaſto in vita, e s' é inviato à tornarſene à caſa per le Indie; gli altri ſono morti. Gli ſoggetti nonerano ſcelli con Giudixio, pantico, larmento quello che guidava la truppa. Un mio amico mi ſcrive da Conſtantinopoli che richieſto dal Reſidente del Ré di Danimarca alla Porta, di riconoſcere le antichità da queſti Miſſionarii raccolte in Egitto, rimaſe in vedere roba che ſi trova qui à Roma per un Zecchino in Piezza Navona; e queſto é perſona, che ne può rendere Conto. Non baſta di aver imparato á ſtracciare un poco l' Arabo — — vi vuole altro per riuſcire in tal intrapreſa. Addio.

Ihr ganz eigener

Winkelmann.

II.

II.

Rom. den 30ſten Märʒ. 1765.

Theuerſter Freund,

Ich bin nicht fruchtbar genug an Begriffen, um auf dreyfache verſchiedene Art für die mir erzeigte Ehre Dank zu ſagen; Ihnen ſelbſt kann ich χάλκεα χρυσέων bringen. Was ich ſelbſt nicht kann, wird durch andre geſchehen.

Ich habe dem Kardinal Ihre gegen Denſelben bezeigte Hochachtung verdolmetſchet, und er hat mir aufgetragen, Ihnen und dem Herrn der Geſellſchaft wiſſen zu laſſen, daß er großen Antheil an meiner Aufnahme nimmt. Ich erhielt hierüber in einer großen Verſammlung bey demſelben von Kardinälen, Prälaten, Damen u. ſ. w. die Glückwünſche. Was muß er für ein Mann ſeyn? ſagen Sie. Er iſt der liebenswürdigſte Mann, bey dem gröſten Talente, den ich kenne; er hat drey und ſiebzig Jahre auf dem Nacken, aber er denkt als ein Mann von vierzig, und baut, als wenn er gewiß wäre, noch zwanzig Jahre zu leben. Seine Villa vor Rom geht, außer der Kirche von St. Peter, über alles, was in neuern Zeiten gemacht ist. Er hat sogar das Erdreich dazu geschaffen, und ist selbst der einzige Baumeister derselben. Eine andre Villa steht zu Nettuno am Meere, auf den Trümmern des alten Antium, und ist gebaut, wie Hadrian dieselbe würde entworfen haben. Eine dritte Villa, die er ebenfalls erbaut, ist zu Castello, nicht weit von Albano. Nach Nettuno gehen wir zusammen nach Ostern, auf acht oder vierzehn Tage, und nach der Rückkunft geht die Landlust auf der Villa vor Rom an, wo wir wohnen bis zur Hälfte des Julius; ich aber bin entschlossen, den ganzen Sommer außer Rom zu bleiben. Meine Zimmer daselbst würde sich mancher Fürst wünschen. Ich bin der Liebling, ohne Neid, in einer sehr zahlreichen Hofstaat des Kardinals, in welcher nur allein zehn Sekretaire sind, welche alle genug zu thun haben. Meine Bestallung ist die Aufsicht der Bibliothek und des Kabinets, welche beyde allein zu meinem Gebrauche sind. Sie können sich also vorstellen, daß ich gänzlich aus der Einsamkeit herausgezogen bin, und nicht auf Herrn B... habe warten dürfen: ich suche aber dieselbe, so viel ich kann, und da ich mich nicht dem

gering-

II. Brief.

geringsten Zwang unterworfen habe, (denn ich habe alles in Rom gemacht, was vielleicht einem andern Glück und Heil und verdorben hätte, und mir ist alles gelungen,) so lebe ich nach meinem Sinne. B.... fängt an zu merken, daß Rom ein ganz verschiedenes Land ist von dem, was er sich aus einem Monate Aufenthalt vorgestellt. Dieses alles wird mir nimmermehr einfallen lassen, einem anderwärtigen Rufe Gehör zu geben, wozu noch kömmt, daß ich binnen zwey Jahren meinen Freund aus Spanien erwarte, in dessen Schooß ich hier meine Tage beschließen will.

Meine Monumenti inediti haben zwar einen Stoß erlitten, aber die Arbeit ist nicht unterbrochen, ἀδοκήτων πόρον εὗρεν θεός. Es ist eine Arbeit, welche unendlich viel neues Licht geben wird.

Von des Tzetzes Antehomer et Posthomer findet sich nichts in der Vatikana; wohl aber ἡ μικρὰ Ἰλιάς. Vecchia Vatic. N. 1701. Ferner ὑποθέσεις ἀλληγορικαὶ τῆς Ὁμήρου Ἰλιάδος Ibid. No. 1759.

Vom Museo Capitolino sind nur drey Bände heraus. Die Zeichnungen haben Geschmack und Verständniß; in einigen Kleinigkeiten ist gefehlt. Monsigre Bottari arbeitet

beitet ist an dem vierten Band der erhobnen Arbeiten, deren Erklärungen zeigen werden, was seine Kräfte vermögen.

Von Civita Turchino ist mir nichts bekannt; ich glaube aber, der Herr Ritter sey irrig. Die Hetrurischen Grabmäler sind bey Corneto, vier Meilen von Civita Vecchia, an der See. Weil die Transaktionen in keiner Bibliothek in Rom sind, und ich also nicht weis, was jener davon vorgebracht, so will ich nichts überflüßiges melden.

Des Donati Supplement ist noch nicht erschienen; er wird auch nicht alles liefern können, was mir bekannt ist.

Der Virgil ist elend, und dennoch geht er häufig ausser Italien. Sie werden den Kallimachus und Nikander von Bandini aus Florenz gesehen haben, von einem Menschen besorgt, welcher nicht griechisch lesen kann.

Vom Museo Farsetti habe ich auch nicht einmal den angezeigten Brief gesehen. Dieser würdige reiche Mann hat die Hände sinken lassen, weil die Venezianer keine Conventikula in Häusern von Privatpersonen gestat-

II. Brief.

ten, folglich ist die von ihm entworfene Akademie der Zeichnung ins Vergessen gerathen.

Mir ist kürzlich begegnet, was Cicero von sich sagt, da er als Quästor aus Sicilien zurückkam. Ein junger sächsischer Graf kam zu mir, mir etwas zu melden, was ihm in Bologna war aufgetragen worden, wo er gehört hatte, daß ich in der Welt sey und etwas geschrieben habe. Er glaubte aber, es sey alles in lateinischer Sprache, und hiemit hatte die Unterredung ein Ende. Sein Begleiter hatte den berühmten Namen Mengs niemals nennen hören, welches ich ohne einen kleinen Verweis nicht verschmerzen konnte; den Mengs ist ein Sachse und ich nicht. Ad Garamantes mit solchen Leuten! Ein junger Däne kam vor einigen Jahren von Paris hieher, blos und allein die Prozeßordnung zu studiren; er nannte sich .... Hannoveraner habe ich noch nicht in Rom gesehen; aus dem Hildesheimischen einige Domherren; aber die aus katholischen Ländern sind mehrentheils in der Wiege verdorben.

Der

Der Anfang der gemeldeten ὑποθέσεων ist:

Ἐπεὶ, φαιδρὰ πανσέληνε Σελήνη σελασφόρε.
Οὐκ ἐκ ῥοῶν Ὠκεανῶ φαίνεσα λελαμένη,
Ἀλλ' ἐκ πορφυρᾶς τῆς κλίνης, ὡς ἐπεῖσιν εἰκάσαι,
Ἀνασκιρτῶσα φερυγὴς, καὶ πλέον τοῦ
Φωσφόρου,
Χρήζεις ἐλαύνειν πόρρω σαι ταῖς ψυχικαῖς ἀκτίσι
Τῶν σκοτεινῶν τῶν λέξεων καὶ βίβλων
τὴν ἑσπέραν.

Weiter hinein sagt dieser ehrliche Mann:

Ἐπὶ τῶν δύο στρατιῶν Ὅμηρος ὑπῆρχεν,
Θηβαϊκης καὶ Τρωϊκῆς. οἶδας ἐκ Πρεναπίδα.
Καὶ Διονύσως ἔφη ὁ Κυκλογράφος τῦτο.
Μάθε καὶ ἄλλοθεν καλῶς ἀκριβεςέρως
τᾶτοά
Ὁ ποιητὴς Στησίχορος υἱὸς ἦν Ἡσιόδα,
Ἐν χρόνοις τῶ Φαλαρίδος ὢν καὶ τῶ Πυθαγόρου·
Οὑτοι δ' Ὁμήρω ὕςεροι χρόνοις τετρακοσίοις.

Fiat applicatio ad marmor Parium.

II. Brief.

Was ich gewünscht hätte, wäre gewesen, einen alten ehrwürdigen Kodex vom Athenäus zu finden; denn dieser Skribent muß uns billig am Herzen liegen; allein vergebens. Alle Kodices, wo ich in Italien gewesen bin, sind zu neu, und der älteste, welcher in der Farnesischen Bibliothek, ehmals zu Rom und nachher zu Parma, war, ist aus derselben entwendet; den in Neapel, wo diese Bibliothek jezo stehet, ist derselbe nicht mehr zu finden. Ich habe ein Paar Stellen desselben in der Allegorie verbessert und erkläret.

Ich erinnere mich, daß die Inschrift die Vaters vom Heliogabalus bereits in den Gazette litterarie di Firenze von einem Römer, ungeachtet mit ein Paar Fehlern, eingerückt worden. Mich däucht, ich schrieb Ihnen bey Gelegenheit, daß der Eigenthümer des gedachten Weinberges bey Veletri eine Tafel von Bley voll von erhobener Inschrift entdeckt, welche derselbe mit der Thür eines hohen Zimmers im Palazzo Ginetti, wo ich mich damals befand, an Größe verglich. Er hatte sie bereits verschmolzen, und zehnmal siebzig Pfund davon verkauft, und dieses aus Furcht, das Publikum, oder die Communita gedachter Stadt möchte ihm dieselbe nehmen.

Ich

Ich habe Gelegenheit gehabt, mit dem berühmten Wilkes sehr genau bekannt zu werden, und, da er im Karneval hier war, hatte ich Zeit um ihn zu seyn; er hielt sich aber kaum acht Tage in Rom auf. Er führt ein schönes Kind bey sich, die sich Corradini nennt, und aus Parma ist; nur Schade, daß sie eine Tänzerin abgegeben hat. Er hat sie von Paris mitgeführt, und da sie ihre eigene Equipage, aber auf ihres Anbeters Kosten, hält, so ist dieses ein theurer Bissen. Sie giengen mit vierzehn Postpferden von hier nach Napel. Er hat daselbst, wie er mir schreibt, ein bequemes Haus auf einer angenehmen Höhe, von dem Geräusch entfernt, genommen, um seine Geschichte von England from the revolution zu endigen, und eine neue Ausgabe von Churchill's Werken zu besorgen. Er hält Zimmer für mich bereit, und es könnte geschehen, daß ich ihm und seiner Schönen im Herbst einen Besuch machte. Er hat zu Paris in englischer Sprache eine Vertheidigung drucken lassen unter dem Titel: a letter to the worthy electors of the borough of Aylesbury in the County of Bucks. Lond. 1764. 8. welche vermuthlich in Deutschland nicht bekannt ist, weil sie in England selbst selten ist.

Von

II. Brief.

Von Ihnen möchte ich wissen, ob man an einem Orte, wie G..... ist, vergnügt leben könne, und wie man es angebe, es zu seyn. Denn ich kann mir nicht vorstellen, wie dieser und ein jeder Ort, wo Akademien in Deutschland sind, Leipzig ausgenommen, und die Ernsthaftigkeit, die ein Professor annehmen muß, hierzu Gelegenheit gebe. Mich deucht, man müsse in dieser Lebensart alt werden, und vor der Zeit, man mag wollen, oder nicht. Es würde aber noch schwerer werden für jemand, der einen gütigen Himmel, und ein schönes Land, wo die ganze Natur lacht, lange Zeit genossen hat. Ich bin mit unaufhörlicher Freundschaft Ihr ganz eigener

Winkelmann.

III.

Rom. den 13ten Jul. 1765.

Da ich nach Dresden zu schreiben habe, will ich wenigstens um den nächsten Weg nach G.... zu nehmen, in einigen Zeilen auf

auf Ihr theures, werthes Schreiben antworten. Bald aber werde ich mich schämen, es in Deutsch zu thun, und dieser Gedanke ist mir allererst durch unsern Briefwechsel entstanden. Ich merke, ich schreibe hölzern. Das Herz aber ändere ich nicht, ob ich gleich sollte die Sprache ändern. Auf Michaelis wird endlich meine Allegorie nebst der Zuschrift an das Tageslicht treten, da ich schon anfieng zu befürchten, es habe der Moder oder das Feuer dieselbe verzehrt. Mein Italienisches Werk wird glücklich seyn, wenn es nach einem Jahre erscheinen kann; aber es sind zwey Bände in Großfolio mit mehr als 180 Kupfern. Ich wünschte, einer mir wichtigen Entdeckung in griechischen Alterthümern nachspüren zu können, von Ihnen, mein Freund, oder von andern Ihrer gelehrten Freunde in G.... belehrt zu werden, zu welcher Zeit der Gebrauch angefangen, einen Trompeter, ὡς κήρυκα, von einem feindlichen Heere an das andre zu senden. So bald ich Luft bekomme, werde ich eine vollständigere Ausgabe der Geschichte der Kunst besorgen. Wir sind heute klüger, als wir gestern waren.

Es hat sich Ihnen, wie mir, der Mangel an griechischen gedruckten Büchern zu Florenz, an einem und eben demselben Skribenten gezeigt. Ich gieng in ganz Florenz umher, den Apollonius mit den Scholien zu finden, aber vergebens. Es wundert mich, daß derselbe in der Magliabecchischen Bibliothek fehlet: den ob gleich der beschriene Besitzer dieser Bibliothek keinen einzigen Vers in demselben verstanden hat, so hätte er doch diesen klaßischen Dichter haben sollen. Mit der Nachricht von dem Etymologiko Magno aus der Vatikana kann ich Ihnen schwerlich vor der Mitte des Novembers aufwarten; den vom Julius an bis dahin sind Ferien in derselben, und ich wohne eine deutsche halbe Meile davon entfernt. Jezo bin ich in meines Freundes Villa vor Rom, das ist, in dem Mittelpunkte von Schönheiten der alten und neuern Kunst. Ich genieße hier eine stolze Ruhe, und lebe, wie ich es mir ehemals nicht in Träumen wünschen können. Ich bin aus Dankbarkeit gegen meinen Wohlthäter dem Publikum eine Beschreibung derselben schuldig, an welche ich Hand legen werde, wenn acht oder zehn Statüen ihren Plaz bekommen haben. Die Zeichnungen zu den Kupfern sind bereits gemacht. In dieser angenehmen Beschäftigung beneide ich,

laut

laut ihrer Nachricht, niemand Ihrer Brüder in Deutschland.

Ich wundere mich, daß meine beyläufige Anzeige eines Freundes in Spanien Ihre Aufmerksamkeit erweckt. Es ist Herr Mengs, in welchem ich mehr das edle Herz, welches schwerlich einer unsrer heutigen Monarchen hat, den geometrischen und metaphysischen ursprünglichen Kopf, als den gröſten Künstler seiner Art und Zeit schäze. Der gemeinschaftliche Knoten dieses unsers Bandes ist dessen Gattin, eine schöne Römerin.... Ich erwarte sie und ihn gegen künftigen Winter aus jenem barbarischen Lande in diesem unsern gemeinschaftlichen Vaterlande.

Das unglückliche Schicksal des Herrn von Werpup wird Ihnen bekannt seyn. Ich habe ihn nur einmal gesprochen, er besuchte aber fleißig meinen Herrn, und hatte den lezten Morgen seines Lebens Abschied von demselben genommen. Künftig ein Mehrers.
Ihr

Winkelmann.

IV.

IV. Brief.

IV
Theuerster Freund,

Rom. den 5ten Dez. 1765.

Es ist wahr, was in den Zeitungen gemeldet worden; es ist aber die vorgeschlagene Sache nicht zum Entschlusse gekommen. Ich hätte eine Thorheit begehen, und der Liebe des Vaterlandes mein Vergnügen, welches niemand besser als ich kennt, aufopfern können, wenn nicht die Oekonomie den Handel zerrissen hätte. Nicht zu gedenken, daß eine Erfahrung von zehn Jahren in Rom sehr kostbar ist, und schwerlich einem andern mit gleichen Vortheilen zufallen wird, und daß man in Tobolsk eben so gut als zu Alexandrien ein großer Algebraist werden kann; man hätte aber bedenken sollen, daß, wenn man Rom genugsam jenseit der Alpen kennen könnte, es ein großer Unterschied ist, jemanden von Petersburg, oder aus den Alpen, als von Rom zu berufen. Da nun fast ganz Rom Theil an diesem Entschlusse nahm, und mir der Pabst und einer der würdigsten Kardinäle neue vortheilhafte Anträge gemacht haben, so muß fernerhin an keine Aende-

Aenderung gedacht werden. Meine Allegorie wird allererst diesen Winter erscheinen, weil Walther dieses Werk in der von ihm selbst zu Dresden angelegten Druckerey besorgt. Ich muß Geduld haben. Es ist nunmehr bald ein Jahr, daß meine Handschrift abgeschickt wurde. Bey müßigen Augenblicken, welcher sehr wenig sind, zumal, da ich izo mit dem Prinzen Georg August von Mecklenburg Strelitz, welcher ein ganzes Jahr in Rom zu bleiben gedenkt, beschäftigt bin, und, ausser diesem Herrn, mit dem Duc de la Rochefoucault, welches der gelehrteste Reisende ist, den ich habe kennen lernen, mache ich einen besondern Aufsaz von der Kunst der Griechen insbesondre.

Um die Hälfte vorigen Monats Oktober wurden in dem Weinberge des Hauses Verospi, innerhalb der Mauren von Rom, und nahe der Porta Salara gelegen, zwey sehr wohlerhaltene Statuen entdeckt. Es stellen dieselbe halbliegende junge Mädchen vor, die etwa halb Lebensgröße, und mit einem einzigen sehr dünnen Gewande bekleidet sind. Dieses Gewand besteht, wie überhaupt das Unterkleid aller männlichen und weiblichen Figuren der Alten, aus zwey langen viereckigen Stücken,

Stücken, die in ihrer Länge zusammengenäht sind, und auf den Achseln mit drey Knöpfchen an einander hängen. An diesen Figuren fällt der zusammengeknöpfte Theil von der einen Achsel bis auf den halben Oberarm herunter, und entblösset dadurch beyde Brüste, deren Form ein jungfräuliches Alter zeigen. Mit dem linken Arm haben sich diese Figuren auf dem ovalen Sockel, auf welchem sie liegen, gestüzt, und die rechte Hand ist hängend ausgestreckt, wie wenn sie Würfel ausgeworfen hätten, von welchen jedoch keine Spur zu sehen ist. Unter jeder von ihnen liegt ein kleiner Bogen, dessen äussere Enden in Gestalt eines Greiffkopfs gebildet sind; es sind aber weder Köcher noch Pfeile angezeigt. Beyde sind einander völlig ähnlich, sogar der Sockel derselben. Zu bedauren ist, daß ihnen bey ihrer Erhaltung die Köpfe fehlen, die man annoch im Nachgraben zu finden hoffet. Aus den Köpfen würde man mit Zuverläßigkeit schliessen können, ob es junge Amazonen sind, wie ich glaube, die etwan anfangen wollen, sich mit dem Bogen zu üben. Denn die Idee in den Köpfen ihrer Statuen ist sich beständig gleich, wie sich an den Statuen der Amazonen in der Villa Mattei, im Pallaste Bar-

berini,

berini, an einer andern in der Gallerie des Kapitolinischen Museums u. s. f. zeiget. Diese Bemerkung haben diejenigen nicht gemacht, welche auf einer andern Amazone, ebenfalls im Campidoglio, einen willkührlichen alten Kopf setzen lassen, und zu einer andern an eben dem Orte einen ganz neuen Kopf mit einem Helme gemacht. Die wahren Köpfe ihrer Statuen sind ohne Helm (welchen sie aber auf erhobnen Werken haben) und geben den Begriff einer Virago. Diese Unachtsamkeit ist um so viel mehr zu tadeln, da man im gedachten Kapitolinischen Museum zwey herrliche Köpfe von Amazonen hat, die sich auf gemeldete ergänzte Statuen gepaßt hätten. Es sind aber diese Köpfe noch jezo unerkannt.

Diese Entdeckung, welche noch jezo geheim gehalten wird, ließ ich den Tag nachher, da dieselbe gemacht worden, dem Prinzen von Mecklenburg sehen, nebst dem Orte, wo diese Figuren in ihrer Gruft neben einander gelegen hatten. Der Ort scheint ein Zimmer gewesen zu seyn; aus dem Schutte der Trümmer aber ist kein deutlicher Begriff zu ziehen.

Gedachter Weinberg war ehemals ein Theil der bekannten Salustischen (nicht Salustii

de

IV Brief.

de bello catilinario, wie die venezianische Unwissenheit vorgiebt) und nachher kaiserlichen Gärten, und es ist derselbe ein unerschöpflicher Boden, wie die Alterthümer beweisen, die jedes Mal gefunden worden, wenn es den sorglosen Eigenthümern derselben eingefallen ist, zu graben. Hier wurden unter Pabst Klemens XI, die vier schönsten ägyptischen Statuen des ältesten Stils, im Campidoglio, gefunden.

Ich muß auf heute schliessen, werde aber mit der nächsten Post Nachrichten von andern Entdeckungen übermachen. Ich bin

Ihr beständig ergebener und eigener

Winkelmann.

V.

Rom. den 28sten Dez. 1765.

Theuerster Freund,

Ich gab Ihnen neulich Nachricht von zwey Statuen, die in einem Weinberge des Hauses Verospi, auf dem Grund und Boden der ehemaligen Salustischen Gärten, entdeckt wor-

worden; es fiel mir aber nicht ein, um mich für einige Personen deutlicher über die Stellung derselben zu erklären, anzuzeigen, daß dieselben so wohl in Absicht der Größe, als der Lage und der Kleidung, derjenigen Figur eines jungen Mädchens vollkommen ähnlich sind, welches Spielknochen (Astragalos) aus der Hand wirft, und ehemals in dem Besitz des Kardinals Polignac war. Man hat noch bis izo die Köpfe dieser Figuren nicht finden können, und folglich wird die Bedeutung derselben nicht zu bestimmen seyn. Andere ganz neue und wichtige Entdeckungen sind seit dieser Zeit nicht gemacht, und ich kann von nichts melden, als von einem kleinen Kopfe einer Pallas, welcher in Elfenbein erhoben geschnitten ist,, und, wie man aus der Rundung dieses Stücks ersiehet, zum Zierrathe auf einem Gefäße, oder etwan auf Waffen, gedient hat. Es wurde mir dieser Kopf von meinem Herrn und Freunde gegeben, und diesem war derselbe von den Karthäusernonnen zugeschickt, welche die Obliegenheit haben, diejenige Erde, die in den Katakomben in und ausser Rom ausgegraben wird, nachdem dieselbe an dem Orte selbst durchsucht worden, in ihrem Kloster von neuem

V. Brief.

neuem durchzusieben, damit nichts verloren gehe, was sich etwa von Ueberbleibseln heiliger Leiber in dieser Erde finden sollte. Besagte Pallas war im Außsieben gefunden, so wie einige Zeit zuvor ein schöner erhobengeschnittener Achat, dessen Grund braun und durchsichtig, die Lage der geschnittenen Arbeit aber das schönste Weiß ist. Es ist auf demselben ein Centaur vorgestellt, welcher einen Stein auf eine sizende nackte Figur werfen will. Ueber dieselbe flieget die Seele in Gestalt der Psyche. Diese Figuren sind nur angelegt, und nicht ausgearbeitet. Es ist dieser Stein durch eben den Kanal an mich gekommen. Die Katakomben sind eine unerschöpfliche Schazgrube der Werke alter Kunst, und was sich von großen Medaglioni in der Vatikanischen Bibliothek befindet,, so wohl die Sammlung, welche der Kardinal Carpegna gemacht hat, die von dem Senator Buonerroti erklärt ist, als diejenige, welche man dem Hrn. Kardinal Alexander Albani zu danken hat, ist aus gedachten unterirdischen Grüften geholet. Eben, da ich dieses schreibe, wurde ich von dem Hrn. Kardinal gerufen, einen Kopf der Matidia, der Schwe-

ster-

stertochter des Trajanus zu besehen, welcher ihm eben damals aus dem Katakomben war zugeschickt worden. Wenn ich unter neue Entdeckungen begreifen wolte, was von unbekannten, obgleich vorlängst gefundenen, Sachen an das Licht kömmt, würde ich Ihnen alle Posttage mit Neuigkeiten aufwarten können. Von dieser Art ist ein Kopf eines Kindes von etwan acht Jahren, welcher entweder den Markus Aurelius in seiner Kindheit, oder den Annius Verus vorstellt. Es ist derselbe den heiligen Weihnachtsabend von dem Bildhauer Bartholomäs Cavaceppi in einem vornehmen römischen Hause gefunden und gekauft. Dieser Kopf ist einer der schönsten, sonderlich in der Arbeit der Haare, die ich irgend gesehen, und es haben sich an demselben die feinsten Spizen der Locken erhalten. Es ist dieses Stück bisher niemanden bekannt gewesen.

Ich nenne aber neue Entdeckungen in den Alterthümern nicht allein Marmore, die von neuem ausgegraben werden, sondern auch neugefundene Erklärungen unbekannter Bilder auf alten Werken, und da ich Sie mit Nachrichten von Entdeckungen zu unterhalten

ten suche, wird es Ihnen nicht unangenehm seyn können, etwas Neues in dieser zweyten Art zu erfahren. Ich habe lange Zeit über einen Jupiter, welcher auf einem Centaur, nach Art reitender Weiber, sizet, gedacht. Dieser Centaur hält in der einen Hand ein junges Reh, und auf dem Kreuze desselben sizet ein Adler. Ich habe dieses Werks, unter den schwerzuerklärenden Vorstellungen, die ich in der Vorrede zu der Bischreibung der stoßischen geschnittenen Steine angezeigt habe, Erwähnung gethan. Es ist ein dreyeckiger Altar, und stehet in dem Keller unter dem Pallaste der Villa Burghese. Endlich habe ich dieses Räthsel aufgelöset. Es ist ein Jupiter der Jäger (κυνηγέτης) welcher auf einem Centaure jaget, und es kann dieser vielleicht Chiron selbst seyn, der den Achilles auf seinen Rücken reiten lehrte, ihm junge Löwen brachte, und endlich ihn zur Jagd anführte. Jupiter ist auf Münzen der Stadt Tralles mit drey Jagdhunden vorgestellt. Es hätte in meinem Versuche der Allegorie dieses seltenen Werks gedacht werden sollen.

Von Entdeckungen an den vor Alters von dem Vesuvius verschütteten Orten ist, seit meiner lezten Reise, die merkwürdigste ein

Tempel

Tempel der Isis, welcher zu Pompeji ausgegraben worden, und einer von den Tempeln ist, welche ὕπαιθρα, ohne Dach hießen. Es ist dieses Gebäude eigentlich ein kleiner Plaz, welcher auf zwey Seiten mit einer Mauer eingeschlossen ist, und auf den zwey andern Seiten Säulen, und zwey von dorischer Ordnung, hat, die aber nur gemauert und mit Gypse übertragen sind. Innerhalb dieses eingeschlossenen Plazes ist eine sogenannte kleine Kapelle, mit Pilastern versehen, und mit einem Dache von Ziegeln, in welcher eine Isis stand. Neben dieser Zelle steht ein länglicher Opferaltar. Aus diesem Plaze oder Tempel geht man in zwey, nebeneinander gebauete Zimmer, welche ausgemalt sind. Das eine von den Gemälden daselbst stellt den Merkur vor, wie er einer sizenden weiblichen Figur die Hand giebt, um deren Arm sich eine Schlange gewickelt hat, wo vielleicht auf die Liebe zwischen gedachtem Gott und der Proserpina gedeutet worden, deren Cicero an einem Orte von der Natur der Götter gedenkt. Da aber die Schlange bey einer Proserpina ziemlich weit zu holen seyn würde, die Isis aber mit einer Schlange in der Hand erscheinet, wie dieses an seinem Orte in Erklärung der stoßischen Steine angezeigt

worden,

werden, so soll hier vermuthlich die genaue Freundschaft zwischen der Isis und dem Merkur angezeiget werden, als welcher nach dem Diodor von Sicilien der Isis erster Rath in Aegypten war, da sie als Königin nach dem Tode des Osiris daselbst regierte. Zwischen diesen beyden Figuren, und zwar hinter ihnen, steht eine, wie mit Lorbeeren bekränzte, weibliche Figur, die mit der rechten Hand dem Merkur den Kaduceus reicht und an diesem Arme das gewöhnliche Gefäß bey dem Dienste der Isis, Situla genannt, hängen hat, mit der linken Hand aber ein Sistrum hält. Hinter der sizenden Isis steht eine nackte weibliche Figur (die andern sind bekleidet) ebenfalls mit einem Sistrum in der rechten Hand, und mit einer langen Gerte in der linken. Unter der Isis sizet ein Kind, welches vielleicht Harpokrates ist, und unter dem Merkur liegt die Figur des Nils. Ich habe dieses nach einer flüchtigen, und aus dem Gedächtnisse gemachten Zeichnung entworfen, die mir der Herzog de la Rochefoucault, welcher vor ein Paar Tagen von Napel zurückgekommen ist, mitgetheilt hat. Ueber der Thüre gedachten offenen Tempels hat folgende Inschrift gestanden:

M.

M. POPIDIVS. M. F. CELSINVS.
AEDEM. ISIDIS. TERRAE MOTV. CONLAPSAM.
A FVNDAMENTO. P. S. RESTITVIT. HVNC. DE-
CVRIONES. OB. LIBERALITATEM
CVM. ESSET. ANNORVM. SEXS. ORDINI. SVO.
GRATIS. ADLEGERVNT.

Die Buchstaben der ersten Reihe haben die Länge eines Fingers; die in den zwey folgenden Reihen die Länge zweyer Glieder eines Fingers, und die vierte Reihe hat Buchstaben nur wie das äusserste Glied eines Fingers lang, woraus man auf die Höhe dieser Thüre, und folglich auch der Säulen und des ganzen Gebäudes schließen kann. Es würde über diese Inschrift verschiedenes zu bemerken seyn, wenn ich nicht innerhalb der Gränzen eines Briefes bleiben wollte.

Ich lag gedachtem Herzog an, von Pesto nach Velia zugehen, und das zu thun, was mir nicht gelingen wollen, nemlich die dortigen Alterthümer zu untersuchen, sonderlich, da ein junger geschickter Maler aus Lyon in dessen Gefolge ist. Ich hatte demselben alle Schwierigkeiten, denen diese Reise unterworfen seyn könnte, vorgestellt, und zu heben gesucht. Es hat mich aber dieser Herr überzeugt aus sichern Nachrichten, die er in Pesto von einer beglaubten Person vernommen, die daselbst gewesen ist, daß, ausser wenigen alten
Mauren

V. Brief.

Mauren, von der berühmten Stadt Velia nichts übrig sey, und daß diese Neugier die Kosten nicht trage, da man dahin, aus Mangel gebahnter Wege, nicht zu Lande gehen kann, sondern zu Schiffe gehen muß, welche Reise unter fünf Tagen nicht zu machen ist. Velia heist izo Agropoli.

Ich muß, ehe ich endige, nach Rom zurückgehen, und eine der seltensten Entdeckungen in ihrer Art anzeigen, die irgend gemacht sind, und dieses vor wenigen Tagen. Es ist eine griechische Münze in Metall, welche von der Stadt Magnesia oder Sipylum auf den Markus Cicero geprägt worden. Es ist dieselbe in Agro Romano von einem Landmanne gefunden, und sie wurde, von Erde annoch bedeckt, von einem Krämer alter Münzen, welcher aber ein großer Kenner in diesem Gewerbe ist, für einen Augustus in griechischen Kolonien geprägt, gekauft, weil alle kaiserliche Münzen aus römischen Municipien und Kolonien nicht häufig sind. Ebendafür kaufte diese Münze ein hiesiger, gelehrter Kamalduensermönch, der P. Abate Sarti, und dieser endeckte unter dem Kopfe den Namen M. TYA. KI. ... die folgenden Buchstaben des Namens Cicero sind nicht deutlich zu lesen. Der Besitzer hatte die Münze, da ich gestern zu ihm kam, ausser dem Kloster zum Abzeichnen gegeben, und ich habe dieselbe also noch nicht gesehen, werde aber heute meinen geliebten Prinzen von Mecklenburg hinführen. Unterdeß hat mir eben derselbe Pater zwey Stellen aus des Cicero Briefen an seinen Bruder gezeiget, die gedachte Stadt Magnesia betreffen, und welche zur Erläuterung der Münze dienen können. Diese Münze ist also die zweyte von ihrer Art, welche in neuern Zeiten bekannt worden ist; die andre ist in dem farnesischen Museo zu Capo di Monte in Napel. P. Pedrusi bringet dieselbe bey, man glaubt aber, die Rückseite müsse unrichtig gezeichnet seyn, weil sie verschieden ist von der unsrigen, als welche eine Traube und ein Weinblatt vorstellet. Von der farnesischen Münze geschieht Erwähnung aus einem ungedruckten Briefe des Fulvius Ursinus, dem dieselbe gehörte, und diese Nachricht findet sich in dem, was man über eine vermeynte Statue des Cicero in dem Museo Capitolino gesagt hat.

Endlich ist der berühmte Wortley Montague von seiner Alexandrinischen und Sinaiti-
schen

V. Brief.

schen Reise zurück nach Italien gekommen, und ist izo in Pisa. Ich habe den Aufsaz von seiner Reise, welchen er an die Englische Societät geschickt, und durch meine Vermittelung dem Prinzen von Meclenburg abschriftlich mitgetheilet hat. Die Hauptsache betrift die Inschrift an dem Berge Sinai welche von ihm, als einem großen Kenner der morgenländischen Sprachen, sehr genau abgeschrieben ist, aber nicht hat können erkläret werden. Montague hält indeßen dieselbe für hebräisch, und zwar aus spätern Zeiten, und ich bin seiner Meynung. Hiervon künftig ein Mehreres.

Indem ich dieses schreibe, kommt der würdige regierende Fürst von Anhalt Deßau, welcher gestern hier angelangt ist, in mein Zimmer. Ich bin, wie beständig, Ihr eigener

Winkelmann.

VI.

Rom. den 4ten Jänner 1765.

Ich finde unumgänglich nöthig, eine öffentliche Erklärung über meine Geschichte der Kunst

Kunst zu machen, welches ich in einer besondern Schrift zu thun gewillet war, und mich izo, da ich gedrungen werde, mit einer bloßen Anzeige begnügen muß. Aus dieser mögen Sie den Sinn meiner Absicht zusammenfassen, und, wie Sie es am füglichsten achten, bekannt machen.

Ich bin von einem in Rom beschrieenen Betrüger, welcher sich ehemals meiner Freundschaft rühmen können, zu eben der Zeit, da ich ihn des gröſten Vertrauens würdigte, mit Nachrichten von alten Gemälden hintergangen worden, die von diesem boshaften Menschen erdichtet, und untergeschoben sind. Von diesen Gemälden hat er mir die von ihm selbst erfundenen Zeichnungen gegeben, und zwey derselben befinden sich in der Geschichte der Kunst in Kupfer gestochen. Ich habe diesen schändlichen Betrug allererſt nach dieses Menschen Abreise von Rom D** entdeckt, es hat sich aber keine bequeme Gelegenheit gezeigt, diesen Betrug zu offenbaren. Wenn die sehr große Anlage des Drucks der G. d. K. nicht eine zweyte, verbesserte und ungemein vermehrte Ausgabe derselben, wozu sich alle Materialien gesammlet, zurückgehalten hätte, würde ich gedachtes offenherziges Ge-

ständ-

VI. Brief.

ſtändniß bey dieſer Gelegenheit gemacht haben. Nunmehr aber, da ich höre, daß nicht allein zu Paris eine franzöſiſche Ueberſezung dieſer Geſchichte ans Licht getreten iſt, ſondern, daß dieſelbe auch in brittiſcher Sprache erſcheinen werde, habe ichs meine Schuldigkeit erachtet, dieſe Anzeige unverzüglich zu geben.

Da mir ſeit vielen Monaten berichtet wurde, daß man in Paris an einer Ueberſezung der G. d. K. arbeite, habe ich alle mögliche Wege genommen, um diejenigen, welche von dieſer Arbeit Nachricht haben konnten, zu bitten, mir einigen Unterricht davon zu geben, um vor dem Drucke die nöthigen Aenbrungen zu machen. Ich habe ſogar den Polizeylieutnant zu Paris erſuchen laſſen, die Erlaubnis zum Drucke dieſer Ueberſezung nicht zu ertheilen, bevor ich nothwendige Nachrichten zu derſelben eingeſchickt hätte; dem allen ungeachtet habe ich in dem Lande, wo die Höflichkeit ſoll jung geworden ſeyn, kein Gehör gefunden, und meine Geſchichte wird bereits öffentlich verkauft, eben ſo wie es mit dem überſezten Sendſchreiben über die herkulaniſchen Entdeckungen ergangen iſt, ohne daß man mir den geringſten Wink davon gegeben, und
ich)

ich habe es allererst in einem Briefe aus Deutschland erfahren.

Außer der falschen Nachricht von alten Gemälden, welche ich wegzunehmen gewünscht hätte, würde ich das Urtheil über Herrn Watelets Schrift gemildert haben, nicht um den Vorwurf abzulehnen, welchen mir die Deutschen in öffentlichen Schriften gemacht, eine Abneigung gegen die französische Nation geäußert zu haben; sondern weil ich diesen liebenswürdigen Mann nachher persönlich kennen lernen, mit ihm kleine Reisen um Rom gemacht, und verschiedene Tage die Landlust am Meere, auf dem Lusthause meines Herrn und Freundes zu Porto d'Anzo, genossen habe. Ich gestehe, daß mich die Tollheit der Deutschen, alles französische Gemengsel, brühwarm wie es zu ihnen kömmt, zu übersezen, aufgebracht, mich in etwas harten Ausdrücken zu fassen. Der Deutsche aber sollte hierin den Patrioten unter einem fremden Himmel erkennen, welchen Ruhm mir diejenigen geben werden, die mich persönlich jenseit der Alpen kennen gelernet haben. Dem ungeachtet gestehe ich diesem beliebten Dichter und Skribenten den Titel eines untrüglichen Richters in der Kunst nicht zu, und
es

VI. Brief.

es ist derselbe so bescheiden, daß er in Rom eingesehen, wo er geirret, und daß es besser gewesen wäre, nach seiner Rückreise zu schreiben.

Was mich ferner zu dieser Anzeige bringt, ist der Nachdruck, welchen Herr W ** in D ** von der französischen Uebersezung, und zwar noch diesen Winter, machen will, die von einem gewissen Sellius zu Paris, gemacht ist, und es ist zu erwarten, wie. Ich habe mich gegen gedachten Buchhändler erboten, unerachtet meiner großen Beschäftigungen, beträchtliche Zusäze zu dieser Uebersezung zu machen, ja ganze Stüke umzuarbeiten, das Register der Sachen zu erweitern, und ein neues Register der angeführten alten Denkmaale, wie bey dem Versuche der Allegorie geschehen, beyzufügen. Ich habe bereits die Feder angesezt, und wenn mir der Verleger Zeit zu dieser Arbeit läst, will ich mein möglichstes thun. Was nach vier Jahren (denn so lange ists, daß meine Handschrift der Geschichte von hier nach Dresden abgegangen ist) in diesem Werke von mir geleistet werden können, werden diejenigen einsehen, die, nach einem befanntgemachten Versuche in einer Wissenschaft,

ſchaft, derſelben nachher einige Jahre mit unermüdetem Fleiße obliegen . . . .
In Eile . . . .
Ihr eigener
W.

Muſ. März. 76.

VII.

Rom. den 16ten Febr. 1766.

Ich habe dieſes Schreiben mit einem andern an den Hrn. Geh. Rath v. M. begleitet, und mich erdreiſtet, um die G. Gelehrten Anzeigen zu bitten. Wenn dieſer gütige Miniſter in dieſes mein Verlangen willigt, ſo überlaſſe ich Ihnen die weitere Verfügung . . . . .
Ich habe ihnen, deucht mich, zweymal hintereinander geſchrieben . . . . Von der G. d. K. wird jezo eine zweyte Ueberſezung in Amſterdam gedruckt, von welcher ſich ein gewiſſer Robinet de Chateaugiron als Herausgeber, nicht als Ueberſezer, bey mir angiebt. Der Druck iſt bereits im November angefangen. Dieſe Ueberſezungen haben ver-

veranlaſt, daß ich Anmerkungen über die Geſchichte zu entwerfen angefangen, welche auf gutem Wege ſind, da ich einige Zeit vorher daran gedacht habe. Es werden dieſelben wenigſtens anderthalb Alphabeth betragen, und da es meine lezte deutſche Arbeit ſeyn ſoll, will ich einige Kupferſtiche dazu beſorgen. Ich gebe in dieſer Schrift zugleich neue Erklärungen von dunklen, oder ſchweren Stellen alter Skribenten, in welchen auch der Text ſelbſt aus alten Denkmaalen verbeſſert wird. Gegen die Leipziger Oſtermeſſe hoffe ich alles in Ordnung zu habe. Den Druck wünſchte ich W. nehmen zu konnen, weil ich mehr als eine Urſache habe misvergnügt mit ihm zu ſeyn, ſonderlich iezo, da er mir über der Allegorie beſtändig Lügen ſchreibt. Er ſagt, der Druck ſey im December geendigt worden; von andern aber höre ich, daß ſie erſt auf Oſtern erſcheinen werde, da er doch meine Handſchrift über anderthalb Jahre in Händen hat. Eben ſo iſt es mir mit der Geſchichte ergangen. Ich wünſchte einen Verleger zu finden, von welchem ich eben den ſaubern Druck hoffen könnte, und welcher, nach dem gewöhnlichen Drucke meiner Schriften gerechnet, den Bogen mit drey Dukaten bezahlen wollte.

Man muß bedenken, daß es keine Moral oder Geschichte, sondern daß alles, was ich schreibe, mein eigner Stoff ist. Findet dieses Schwierigkeit, so bin ich halb entschlossen, den Druck auf meine eigene Kosten zu besorgen, zumal Stosch, mein bester Freund, von Konstantinopel nach Berlin geht, und diesen Handel treiben könnte. Diesem ist die Zuschrift zugedacht.

Ich bekenne zu meiner Scham, daß ich die Abdrücke von Hrn. von U. verloren habe; ich kann Ihnen aber betheuren, daß Ihre Erklärungen mir viel zu gelehrt schienen für dergleichen Plunder, den man hier um etliche Groschen findet. Aus B** wurde mir vor einiger Zeit der Abdruck eines Steins geschickt, welchen ehemals der Herzog May soll gehabt haben. Man verlangte meine Entscheidung, ob derselbe alt oder neu, von dem ältesten oder dem späteren griechischen Styl sey, und ich bekam zugleich den bestillirten Auszug der Konferenzen von Kennern, welche über dieses Kunststück gehalten worden. Und was war es? Eine halbentworfne Figur, die in einer Viertelstunde mit dem Rade kann geschnitten werden, und die hier keinen Pfennig gilt. Ich
habe

VII. Brief.

habe noch nicht geantwortet, weil ich nicht weiß, was, und wie ichs sagen soll.

.... Seit einigen Tagen ist hier ein G** Und ein R*** (ein Name, der in Rom die Zähne wackeln macht). Sie kommen von Paris, und sprechen, auch mit Deutschen, nichts als pariserisch. Ich habe sie nicht gesehen.

Von dem Katalogus der griechischen Manuskripte der Vatikana ist nimmermehr ein Blat zu hoffen, und dieß aus mehr als einem Grunde. Assemanni kann kein Griechisch, und niemand wird sich außer ihm diese Mühe nehmen, die nicht bezahlt wird. Dieses würde meine Obliegenheit seyn, als Professor der griechischen Sprache bey der Bibliothek; ich aber werde im Ernst nicht einmal daran gedenken. Man hat dem Syrer erlaubt, mit seinem Plunder vom Berge Libanon hervorzutreten, weil wir an dergleichen Quisquilien reich sind; aber zur Bekanntmachung der griechischen Handschriften wird man nicht sehr geneigt seyn. Man ist dermaßen eifersüchtig auf diese Schäze, daß niemanden als uns, die wir bey der Bibliothek bestallt sind, die Katalogen anzusehen erlaubt wird. Man giebt jedem, was er fodert.

Ein

Ein langes Schreiben, wie das aus L. wird gewesen seyn, bekam ich von dem Aeltesten der Deutschen Gesellschaft zu B. Es würden nicht weniger als Jahre erfodert werden, diesem lernbegierigen Mann zu antworten. Urtheilen Sie, ob ich Unrecht habe, mich von dem Briefwechsel nach Deutschland theils los zu machen, theils denselben zu scheuen cane peius et angue.

Ihr beständig eigener W.

VIII.

Porto d'Anzio den 19ten März 1767.

Von der Zuschrift ohne Formalität wird weiter nicht geredet, da durch aktives und passives Stillschweigen, wie jeder Mensch, auch ich gewinne; aber ich kann ihren Zweifel über meine Freundschaft nicht verschmerzen. Es würde derselbe, aus etlichen Briefen mehr oder weniger gefaßt ohne Grund seyn; es muß dieser Argwohn also aus Verläumdung eines Bösewichts herrühren. Seit einem Jahre verdiene ich Nachsicht, da mein Werk alle meine Augenblicke erfodert, und mich, da es eben

VIII. Brief.

izo erscheinen sollte, dennoch genöthiget hat, auf einige Zeit an den Ort zu gehen, woher ich schreibe, um die sanfte Meerluft zu genießen; denn ich bin mit Schwindeln befallen. Dieses Werk besteht aus zwey mäßigen Bänden in Folio, enthält 227 Kupfer, und der Preis ist acht Dukaten.......
.................Was habe ich dem Klotze gethan, da ich kaum dessen Namen gehört? Und sollte ich dergleichen von Deutschen erwarten, denen ich keine Schande gemacht habe!' Undankbares Vaterland!

Ich habe angefangen an dem dritten Bande der Monumenti inediti zu arbeiten, wozu die Materialien bereits bestimmt sind. Eins der lezten Stücke ist ein herrlich geschnittener Stein, welcher die Hypsipile vorstellt, die den Jason empfängt, und ich habe allein den Abdruck desselben, welcher izo gezeichnet wird.

Nach Ostern werde ich eine Reise nach Napel thun, um mich mit dem Englischen Minister, Herrn Hamilton, zu besprechen über die Erklärung der irdnen und bemalten alten Gefäße, welche derselbe aus dem ganzen Königreiche Napel zusammengebracht hat. Sie sind mit ihren eignen Farben in Kupfer ge-

gestochen, und werden binnen vier Monaten in vier großen Bänden erscheinen, aber ohne Erklärung. Der Unternehmer dieses Werks, ein bekannter Avantürier von großen Talenten, welcher sich izo d'Hancarville nennet, gewinnet auf daſſelbe, wie mir Hamilton ſchreibt, an 20,000 Pf. Sterling. Ich erwarte hier an der See die erſten Abdrücke, um meine Erinnerungen über dieſelben zu geben.

Die Anmerkungen über die Geſchichte der Kunſt habe ich noch nicht gedruckt geſehen. W. hat mir von einer Beylage aus G. geſchrieben, welche ich erwarte, noch mehr aber, und mit großer Sehnſucht Ihr Schreiben. Ich bin, wie ich war und ſeyn werde,

Ihr wahrer, ewiger Freund und Diener
Winkelmann.

VIIII

Rom. den 16ten May. 1767.

Ich ſchreibe, um zu melden, daß ich auf Ihre angenehme Zuſchrift aus Porto d'Anzio

VIIII. Brief.

zio geantwortet habe, und zugleich zu meiner Entschuldigung in Absicht der von dorther mit den Anmerkungen mir übermachten Sachen; denn ich habe dieses Packet noch nicht erhalten. Ich erwarte Ihren Virgilius, und ich wünschte durch einen jungen Menschen Ihrer Universität, da Sie uns noch niemand geschickt haben: denn aus den hannöverischen Landen, außer dem verunglückten Werpup, ist der General von Walmoden vielleicht der einzige in einem Jahrhunderte, der Rom gesehen. Erwecken Sie diesen Trieb, wo Sie feine Sinne bemerken, oder suchen Sie für sich diese Reise auf königliche Kosten zu bewirken. Hiedurch könnte G. einen neuen Vorzug über die große Saat hoher Schulen in Deutschland erhalten. Aus Zürich und Basel sind an acht Personen hier, und wie man seyn soll, gewesen. Man gedenkt izo mit Ernst an eine brittische Uebersezung der Geschichte d. R. und ich werde zu derselben alles Mögliche beytragen.

Ich gehe in etlichen Tagen mit meinem Freunde auf dessen Villa vor Rom, und zwar auf einen Monat oder anderthalb, und im künftigen Februar werde ich nach Deutschland abreisen, vermutlich von Wien bis Berlin mit dem

dem Prinzen von Meklenburg, welcher hier ein ganzes Jahr mein geliebter Schüler gewesen ist. Ich bin, wie ich seyn werde,

Ihr ewig eigener W.

X.

Rom. den 16ten May. 1767.

Ew. Excellenz

Werden die Nachrichten von der Ausgabe meines Italienischen Werks, die ich Denenselben mittheile, gnädig deuten, denn ich erachtete dieses meine Schuldigkeit gegen den Pfleger und Beschützer der deutschen Musen, an welches Glück ich billig Antheil nehme. Ich bin selbst der Verleger, und erscheine also als ein Buchhändler, um auf beyden Seiten keine Verlegenheit zu erwecken. Jezo arbeite ich an dem dritten Bande dieses Werks, welcher nach meiner Rückkunft aus Deutschland, wo ich Ew Ex. künftiges Jahr aufzuwarten hoffe, vollendet werden wird. Gott verjünge Denenselben Leibes- und Seelenkräfte zum Flor der Wissenschaften, und zum Ruhm der
Deutschen

XI. Brief.

Deutschen Nation, und gewähre mich meines Wunsches, persönlich zu bezeugen, mit wie hoher Verehrung ich bin
    Ew. Exc. u. s. w.

                     J. W.

XI.

Rom. den 5ten Jul. 1767.

E. Excellenz mir gewürdigte Antwort, die meinen Stand aber weit übersteiget, und auch der geringste Theil des mir bezeugten Beyfalles ist mir das rühmlichste, wohin ich gelangen können. Ich konnte die Ehre eigenhändige Zeilen von E. E. aufzuweisen, und das Antheil an dem Wohlwollen des Vaters und Beschützers der deutschen Wissenschaften dem Durchl. Erbprinzen, bey dessen Hierseyn, nicht verschweigen, und der patriotische Held schien bey Nennung des ehrwürdigen Namens den Inbegriff aller deutschen Würdigkeit zu empfinden, und war der erhabenste Lobredner.

Ich werde mich bemühen, mit den wenigsten Kosten, als es wird möglich seyn, die drey verlangten Exemplare an den Grosbr. Agenten nach Augsburg abzusenden, durch welchen ebenfalls E. E. fernere Verordnung hieher gehen kann.

Ich wünschte einige Jahre zurück zu haben, um eine auch vielleicht dem deutschen Namen rühmliche Unternehmung auszuführen, auf welche ich lange gedacht habe, nemlich eine Reise nach Aegypten und Griechenland zu thun, die einige ohne hinlängliche Wissenschaft, andre zu jung angetreten haben. Diese Begierde ist vor weniger Zeit von neuem rege geworden, sonderlich da sich ein geprüfter Freund zum Gefährten anbietet, und ich befinde mich in einem nicht geringen Streite zwischen dieser Reise, und der nach dem geliebten Vaterlande. Unterdeß wird die Arbeit an Zubereitung der Materialien zum dritten Bande der Monumenti fortgesezet, und ich bin vornemlich beschäftigt, eine neue und vermehrte Ausgabe der Kunst zu veranstalten, welche zugleich für eine Uebersetzung, die in Londen unternommen wird, dienen soll.

Um nicht ohne Neuigkeiten, von denen, die unser Boden und das Alterthum giebt, zu erscheinen, habe ich die Ehre E. E. zu melden

daß

daß man vor wenigen Tagen, in Ausgrabung der Trümmer der verschütteten Stadt Pompeji dreyzehn Helme von Erz, die mit Figuren von erhobener Arbeit gezieret sind, nebst verschiednen Arm- und Beinrüstungen gefunden. . . . .

XII.

Rom. den 12sten Aug. 1767.

Ich habe zwey Mal nach Ihrem lezten Briefe geschrieben, mein theuerster Freund, das erste Mal von Porto d'Anzo, das zweyte Mal von Rom aus, und schreibe von neuem, um mich zu rechtfertigen, wenn mir etwa sollte eine Unbescheidenheit beygemessen werden: denn ich habe den Pack Bücher nebst einer Beylage von G. noch nicht erhalten, ungeachtet dasselbe im Jänner abgegangen ist. Ich werde den Empfang unverzüglich melden. Sollt es aber binnen Monatsfrist nicht einlaufen, komm ich mit einer zwoten Entschuldigung zuvor, denn ich gehe nach der Hälfte des Septembers nach Neapel, und von da mit einem Zeichner nach Sicilien, und

meine

meine Absicht ist vornemlich auf Girgenti und Catanea gerichtet, wo eine Menge gemalter griechischer irdner Gefäße sind, und ich kann allererst im December zurück seyn. Sollte ich künftiges Frühjahr nicht nach Deutschland gehen, so wird eine Reise nach Griechenland vorgenommen werden, wozu sich der Begleiter, ein würdiger Freund, und, was noch mehr ist, ein Deutscher, gefunden, welcher izt zu Napel ist, und diese Reise auch ohne mich thun wird.

Ich habe heut ein Paar Exemplare meines Italienischen Werks an unsern würdigsten Vater der Musen nach H. abgehen lassen, und izo sammle ich zu einem dritten Band. Zu gleicher Zeit arbeite ich an etwas Wichtigem, welches ich ebenfalls auf meine Kosten werde drucken lassen. Vielleicht entwerfe ich etwas von der kleinen Sicilianischen Reise, denn es wird viel zu sagen übrig bleiben, was dem welschen Mönch und dem holländischen Schriftgelehrten unbemerkt geblieben. Ich hoffe Sie werden mich mit geneigten Wünschen begleiten, und mein Freund bleiben, wie ich der Ihrige

W.

XIII.

XIII.

Rom. den 15ten Aug.. 1767.

E. Excellenz

Herunterlassung gegen mich ist so groß, daß sie mich in Verlegenheit setzet, derselben mit Würdigkeit zu begegnen, und ich finde dazu weder Mittel noch Worte; da Sie aber eine unbeträchtliche Nachricht neulicher Entdeckungen gütigst zu deuten geruhet haben, wurde mir dadurch der Weg eröffnet, durch jene öftere Darbringung solcher Früchte, dem Vater unsrer Musen ein geringes Opfer zu machen: farre pio et saliente mica. Aber E. E. Augenblicke,
Cum tot ustineas et tanta negotia solus,
sind dem Heile der Länder gewidmet, dem die Zeit entzogen wird, die eine Antwort an meine Wenigkeit erfodert. In publica commoda peccem.

Es kommt mir auch nichts von dem zu, was der Misbrauch einer ehrwürdigen Benennung, welche man Personen, die, wie ich, einen kurzen Mantel und Kragen tragen, gibt, zu erfodern scheint: denn ich bin der Kirche nicht geweihet, geniesse auch nichts von derselben; ja, um meine Freyheit zu behaupten, habe ich freywillig der Stelle bey der vatikanischen Bibliothek entsagt, so wie andern öffentlichen Vortheilen, die mir angetragen wurden, um mich zu bewegen, den Pozdamischen Ruf auszuschlagen, als welches mich niemals gereuen wird. Mein Wohl und Leben sind allein Früchte der Arbeit meiner Hände, und mein Wandel ist sehr einsam, und den alten Zeiten gleichförmig, daher ich ohne Besorgniß Anschläge weitaussehender Reisen entwerfen könnte, weil ich an nichts gebunden bin. Unterdessen, da der ehrliche Mann unter allen Völkern geehrt wird, und die Verleugnung auch billiger Vortheile hier, so wie anderwärts, selten ist, hat dieselbe großen Antheil an meiner geringen Achtung.

E. E. nehmen dieses Bekenntniß in der Absicht auf, mit welcher ich dasselbe mache, und zum Zeichen Dero Wohlgefallens erwarte ich künftig Befehle mit der Anrede: mein lieber Winkelmann, und nichts weiter.

..... Die Reise nach Griechenland lieget annoch auf der Wage ohne Ausschlag, nicht aus Besorgung der Gefahr und der Mühseligkeit, der diese Reise ausgesezt ist, sondern weil ich mich noch nicht überzeugen kann,

XIII. Brief.

kann, besondre Entdeckungen zu machen. Ich will indessen, um mich zu dersselben in das Gleis zu bringen, eine Reise nach Sicilien, in Begleitung eines Zeichners, machen, wo sehr viel zu entdecken ist, was d'Orville, als ein bloßer Schriftgelehrter, nicht hat finden können. Meine vornehmste Absicht geht auf Girgenti auf dieser Seite der Insel, und Catanea auf der andern, weil an beyden Orten reiche Musea sind; und hier befinden sich über 700 gemalte alte Gefäße von gebrannter Erde, theils bey dem Prinzen Biscari, theils bey den dortigen reichen Benediktinern. Diese sowohl, als diejenigen, die Herr Hamilton zu Napel, mein Freund und Gönner, zusammengebracht hat, werden mir zu Betrachtungen Anlaß geben, wodurch die Abhandlung von der alten Malerey in der Geschichte der Kunst sehr wird erweitert werden. Ich arbeite izo an einer zweiten Ausgabe dieses Werks in zween Bänden in Quart, die in Deutschland auf meine Kosten mit neuen Kupfern wird gedruckt werden, wenn unsre Buchhändler mich dahin gelangen lassen. Von jenen Gefäßen werde ich die schönsten und schwersten zu einem dritten Bande der Monumenti zeichnen und hernach stechen

stechen lassen. E. E. werden mir erlauben, von dem Erfolge dieser Reise Denenselben mit einer Nachricht aufzuwarten.

Die Reise nach Griechenland würde wenigstens zwey Jahre erfodern, denn man müste keine Insel unbesucht lassen, und sonderlich die alte Landschaft Elis untersuchen, weil kein Sterblicher in neuern Zeiten bis dahin durchgedrungen ist. Denn da Fourmont im Jahre 1728 bis an die Gränzen gegangen war, wie er vorgiebt, bekam er Befehl von dem Hofe zu Paris, seine Reise abzukürzen. Dergleichen hätte ich nicht zu besorgen, da niemand mir befiehlt; denn mein Ruhm würde seyn, dieselbe von dem Schweiße meines Angesichts, ohne Jemandes Beyhülfe, zu machen.

Diese Vertraulichkeit, mit welcher ich E. E. zu schreiben mich erdreiste, kann, glaube ich, mit der höchsten Verehrung bestehen, die ich gegen Sie, als den allgemeinen Vater der patriotsch gesinnten Deutschen und der Wissenschaften, niemals genug wiederholen kann, als

E. E.

unterthäniger Winkelmann.

XIIII.

XIIII.

Rom. den 28ſten Nov. 1767.

E. Exc. gnädiges Schreiben vom 25ſten Sept. fand ich allererſt nach meiner Rückkunft von Napel, da alle an mich gerichteten Briefe in Rom zurückgeblieben waren, wegen meines Vorſazes nach Sicilien zu gehen; dieſe Reiſe aber wurde wegen der entworfenen Reiſe des Kaiſers nach Italien ausgeſezt, und nachdem dieſe zurückging, war es für mich zu jener nicht mehr Zeit.

In meinem zweymonatlichen Aufenthalt in und um Napel habe ich, ungeachtet der Eiferſucht des Hofs wider mich, die dortigen Entdeckungen von neuem ſo genau unterſucht, daß ich im Stande wäre, eine ganz neue vollſtändige Nachricht zu geben. Ich werde aber gezwungen, alles dieſes auf dem Herzen zu behalten, um mir nicht den künftigen Zutritt zu verſcherzen, da es ſehr viel Mühe gekoſtet, mich mit dortigem Hofe wieder auszuſöhnen, welcher das überſezte Sendſchreiben ſehr übel aufgenommen, und durchaus nichts geſchrieben haben will.

Ich habe mir indeſſen dieſe koſtbare Reiſe bezahlt gemacht durch viele Unterſuchungen, mit

mit welchen ich die neue Ausgabe der Geschichte d. K. bereichere, die ich selbst izo anfange französisch zu übersezen, weil ich wegen des Privilegiums den Druck in Deutschland besorgen kann. Es wird dieselbe hier auf meine Kosten gedruckt in zween Bänden, in groß Quart, und mit einer Menge großer Kupfer, um den Nachdruck schwer zu machen, erscheinen.

Die neusten Entdeckungen sind Rüstungen und Helme, die in der verschütteten Stadt Pompeji ausgegraben worden, und alle mit erhobener Arbeit, die getrieben ist, geziert sind, sonderlich Beinrüstungen. Diese leztern erscheinen auf keinem einzigen alten Denkmaale, und man hat also von denselben gar keinen Begriff gehabt: sie sind aber eben diesem Stücke in den alten Turnierrüstungen ähnlich, und mit eben solchem von der Achsel emporstehendem Rande. Die Helme, die so wie jene Stücke, einen einzigen Helm von Eisen ausgenommen, von Erz sind, haben ebenfalls eine ganz außerordentliche, und vorher unbekannte Form. Denn es sind dieselben gestaltet wie ein Hut mit großen niedergeschlagenen Krempen, und diese sowohl, als die Bedeckung des Hauptes selbst, nebst dem er-
hobe-

XIIII. Brief.

hobenen Theile, worauf der Federbusch lag, sind mit schöner erhobener Arbeit gezieret. Ferner haben diese Helme ihr Visier, welches zwo kleine Thüren von Erz sind, die über der Nase durch Hefte zusammenhalten, und haben große runde Löcher. Der Helm von Eisen ist mit dem Visier aus einem einzigen Stücke. Auf dem schönsten jener Helme ist der Erfolg der Ilias nach dem Tode des Achilles, das ist, was nach der Eroberung Troja vorgefallen, abgebildet. Vorn steht die Unterredung des Menelaus und der Helena; auf der einen Seite die Gewaltthätigkeit des jüngern Ajax wider die Cassandra, und auf der andern die Flucht des Aeneas mit dessen Vater und Sohne aus Troja, und verschiedne andre Bilder. Auf dem breiten Rande sind die betrunkenen Trojaner und Trojanerinnen vorgestellt.

Um E. E. Muße nicht zu misbrauchen, und da der Brief dasjenige nicht faßt, was ich Denenselben zu berichten wünschte, übergehe ich neugefundne Statuen, Gemälde, und zum Theil völlig, zum Theil halb ausgegrabene Gebäude, deren Bauart und Verzierungen ebenfalls unerwartet sind. Sie werden auch von dem schrecklichen Ausbruche

des

des Vesuvius aus den öffentlichen Blättern benachrichtigt seyn. Ich habe dieses schöne und schreckliche Phänomen auf dem Berge selbst, da alle Menschen, flohen, von dem Augenblicke des Ausbruchs des Tages, nicht ohne Gefahr, betrachtet. Ich erstieg den Berg von neuem die dritte Nacht, und gieng auf der heissen Lava, durch deren Spalten wir den feurigen Fluß geschmolzener Steine und Metalle sahen, fort, so lange die Fußsohlen und die Schuhe die Hitze ertragen konnten. Den Anblick dieser beyden Nächt wünschte ich E. E. mit lebendigen Farben beschreiben zu können; aber es ist nicht möglich, dem der es nicht gesehen einen Begriff davon zu geben.

Ich schliesse mit dem sehnlichen Wunsche, das Glück zu haben E. E. von Angesicht zu sehen. u. s. w.

Winkelmann.

XV.

Rom. den 13ten Jan. 1768.

Mein Theuerster Freund,

Ihr alter Winkelmann hat eine herzliche Freude über Ihr Schreiben empfunden. Ich
erneuerte

XV. Brief.

erneuerte mir, nach Lesung desselben, Ihr Bild und Ihren muntern Geist, welcher Sie hoffentlich nicht verlassen hat, wenn ich von mir auf Sie schliessen kann; denn ich bin selten unfröhlich, und in Napel bin ich auf zween Monate völlig nach meinem Sinn gewesen, weil ich nicht, wie ein ander Mal, mit andern Reisenden behängt ging . . . . .

. . . . . . Ich stehe in guter Zuversicht Ihres Beyfalls, da die unvollkommene Geschichte der Kunst denselben erhalten, die izo dergestalt hervortreten wird, daß es mir scheint, ich habe nichts in der ersten Ausgabe geleistet. Sie wird mit ganz neuen sauber gestochenen Kupfern geziert; aber ich muß ihr zuvor das Modekleid geben lassen. Zu gleicher Zeit arbeite ich an dem dritten Band der Monumenti, dessen Denkmaale, und Zeichnuggen und Stich davon, die ersten Bände weit übertreffen wird. Ich muß mich selbst wundern über die seltenen, und mehrentheils schwer zu erklärenden Werke, die sich noch immer finden. Dieser Tagen traf ich die Geschichte des Battus, Erbauers Cyrene, an, nebst dem Demosthenes, wie er auf der Insel Calauria zu dem Altare des Neptunus seine Zuflucht genommen hatte.

Sie

Sie müssen aber auch wissen, daß ich einen Zeichner nebst einem Kupferstecher in beständigem Solde halte, und ich theile alles mit ihnen, so wie es Gott bescheret, und niemand hat sich nach meinem Tode etwas zu versprechen; denn ich gehe, wie ein leichter Fußgänger, mit fröhlichem Gesichte aus der Welt, und arm, wie ich gekommmen bin.

Was das prächtige Hamiltonische Werk betrifft, wovon der erste Band erschienen, erbiete ich mich gerne dazu behülflich zu seyn, wenn Er. Erc. nicht einen kürzern und wohlfeilern Weg zu Wasser durch Herrn Hamilton selbst zu finden vermeynen. Es besteht dasselbe aus vier Bänden, und enthält in allem über 600 Kupfer, die bereits fertig sind, so daß die andern drey Bände bald nachfolgen werden. Die Pränumeration beträgt 16 Oncie di Napoli; eine Oncia macht hiesige 24 Paoli, und $20\frac{1}{2}$ Paoli ist ein Zecchino *). Ich bin ein schlechter Rechenmeister; dieses verursacht die Auslegung. Man muß das Buch gebunden nehmen, weil die Kupfer des ersten Bandes nicht numerirt sind, und also dort eingerichtet werden müssen. In den übrigen drey Bänden aber

---

*) 18 Zecchini und 16 Paoli.

XV. Brief.

aber wird diesem Mangel abgeholfen werden. Der Band macht also andre 18 Paoli, welches beynah ein Dukaten ist. Der kürzeste Weg würde seyn, durch einen Wechsler in Napel das Geld erlegen zu lassen an den Herausgeber D'Hankarville, welcher gegen die Bezahlung den Schein der Pränumeration liefert, und folglich habe ich nicht nöthig, denselben zu überschicken . . . . Ich muß nicht vergessen zu melden, daß die mehresten Kupfer meines eigenen Werkes, da es ganze Bogen sind, nicht gebogen, sondern eingefalzt werden. Sie werden mich verstehen, wenn ich die Sache nicht mit dem eigentlichen Worte nennen sollte.

Das, was der D** —— über Hrn. Gen. von Walmoden schönen Kameo gesagt hat, ist auf einer Seite falsch, auf der andern wahr. Falsch ist, daß dieser Stein durch dessen Hände gegangen, nicht anders als eine Sache, die man besehen hat, aus der Hand zurück zu geben; wahr aber ist, was derselbe von dem Namen Dioskorides sagt, indem es bekannt ist, und wenn dieses auch nicht wäre, kann dem ungeachtet der Name doch nicht für ächt gehalten werden,

weil

weil er tief geschnitten ist; denn auf Kameen ist auch allezeit der Name erhoben geschnitten . . . . . .

. . . . Um von fröhlichen Dingen zu sprechen, berichte ich Ihnen meine gegen das Frühjahr festgesezte Reise nach Deutschland, und vornehmlich nach Berlin, mit deren Erlaubniß es zwar sehr schwer halten wird, weil ich dieselbe mit einem Worte bis nach Griechenland erhalten könnte, aber hier befürchtet man irrig, ich werde nicht zurückkommen. Underdessen wird eigenmächtig geschehen, was nicht mit guter Art kann erlangt werden. Meine Absicht ist in Berlin die Uebersezung meiner Geschichte zu bewerkstelligen, die ich nachher hier auf meine Kosten zu drucken gesonnen bin; ich werde also Sachsen nur berühren. Auf der Rückreise werde ich G. besuchen, und zu H. anbeten gehen. Eine Nebenabsicht meiner Reise ist eine Unternehmung auf Elis zu bewirken, das ist, einen Beytrag, um daselbst, nach erhaltenem Firman von der Pforte, mit hundert Arbeitern das Stadium umgraben zu können. Sollte aber Steppani Pabst werden, so habe ich niemand, als das französische Ministerium und den Gesandten bey der

XV. Brief.

der Pforte dazu nöthig; denn dieser Kardinal ist im Stande alle Kosten dazu zu geben. Sollte aber dieser Anschlag auf Beytrag geschehen müssen, so würde ein jeder sein Theil an den entdeckten Statuen bekommen. Die Erklärung hierüber ist zu weitläuftig für einen Brief, und muß mündlich geschehen. Was jemand ernstlich will, kann alles möglich werden, und diese Sache liegt mir nicht weniger am Herzen, als meine Geschichte der Kunst, und wird nicht leicht in einer andern Person gleiche Triebfedern finden.

Mit dem Hamiltonischen Werke können Sie zu gleicher Zeit aus Napel kommen lassen alles, was Martorelli geschrieben, unter welchen der zwegte Band dessen Antichitá Napolitatana, gli Euboici, und mit Recht betitelt, eine erstaunende Gelehrsamkeit, und ganz neue fremde Kritik enthält.

Lange und seltene Briefe, und von entlegenen Orten, können nicht ordentlich seyn, und ich werde noch anhängen, was mir einfällt, und was mir nicht; eingefallen ist, da ich es vorher hätte sagen sollen. Der

E. Deutsche

Deutsche, dessen Namen Sie zu wissen verlangen, will nicht genannt seyn. Er ist ein freyer Reichsstand, und hält sich nun zum zweyten Male in Italien auf. Er ist mein Freund, und mein Herz wallt ihm entgegen, so oft ich an ihn gedenke; denn er ist einige Monate zu Napel. Er ist ein Patriot, nicht weniger als ich, ob er gleich von Franzosen erzogen, und zu Paris geraume Zeit gewesen ist. Er hat sich von mir erbitten lassen, eine ausführliche Beschreibung seiner Reise durch Sicilien und Großgriechenland, und zwar in deutscher Sprach, mir von jedem Orte seines dortigen Aufenthalts zuzuschicken, welches ihm besser in Französischen gelungen wäre. Ich werde dieselbe in der Schweiz, wie sie ist, drucken lassen, und Sie werden daraus ersehen, was annoch vorhanden ist. Ich erwarte denselben in weniger Zeit zu Rom, um mit ihm von seiner Reise nach Konstantinopel vorher zu sprechen. Der Reise wird sein Name nicht vorgesezt.

Machen Sie dem Hrn. Sekr. Br. meine große Empfehlung. Hrn. Hofr. M.
will

XV. Brief.

will ich künftig schreiben. Ihr Herren verlangt alle lange Briefe, und ich bin ein gequälter Wurm von allen Orten her, aber wenn ich anfange zu plaudern, kann ich nicht aufhören. Denn die einsamen Leute sind Schwäzer, sagt der H. Kirchenvater Aristoteles in seinen Problem........

...... bin ich der Ihrige ganz eigen und ewig

Johann Winkelmann.

N. S. Um Ihnen ein gedrückt, gerüttelt und überflüßig Maaß in Ihren Schooß zu geben, komme ich von neuem auf die Hamiltonischen Gefäße, welche mit ihren eigenen Farben abgedruckt, von neuem mit Farbe nachgeholfen sind, und gezeichnet worden, wie es sich kein Werk rühmen kann. D'Hankarville hat hier zugleich alles, was von solchen der schönsten Gefäße zu Napel ist, auch über sein Versprechen in Kupfer stechen lassen, so daß die Liebhaber mehr bekommen, als sie hefften. Mit meinem Werke wird es das Gegentheil seyn, aber ich habe es nicht mit Englischem Gelde, sondern mit saurem und eigenen Fleiße

an das Licht gestellt, und habe mich nicht
vorausjahlen lassen, auch von denen, die es
mir aufbringen wollten. E così vi dò
il Voſtro dovere. Addio.

Um eine Ladung von der schönen Parthe-
nope zusammen zu legen, kann der Wechsler,
der die Besorgung bekommt, anfragen, ob
des Duca Noja sogenannte Hetrurische
Gefäße an das Licht getreten, welche er von
einiger Zeit zur andern verspricht, und ob
gleich die Kupfer fertig sind, dennoch nicht
erscheinen. Denn Schmalhans ist sein Ge-
vatter. Dieses ist ein Sprüchwort der heiligen
Märker allzumal, wie lectio varians in dem
bekannten Liede war. Ich wiederhole, daß
ich diese Besorgung im Fall der Noth
übernehme.

Muſ. März. 76.

N. S. Aber warum finde ich in dem
Hannöverischen Gesangbuche mein Leiblied
nicht; Ich singe dir mit Herz und Mund
Herr, meines Herzens Licht! Laſſen Sie
diesen Mangel als eine Beschwerde von mi[r]
an das Konſiſtorium gelangen. Ich hab[e]
dieſe[s]

XVI. Brief.

dieses Buch mit Noth nach Rom kommen laſſen, und werde gezwungen, ein anders Geſangbuch zu verſchreiben. Es mus eine Kezerey dahinten ſeyn, und verdienet Ahndung.

XVI.

Rom. den 23 Jänner. 1768

Ew. E. leztes Schreiben voll Huld und Güte gegen Ihren Winkelmann traf zu gleicher Zeit ein mit dem Schreiben eines glaubwürdigen Freundes, dem einer unſrer würdigſten Prinzen (nicht derjenige, auf welchen die erſte Muthmaßung fallen möchte) geſagt, daß er nicht begreife, wie man Deutſch, und im Deutſchen gut ſchreiben könne. So betrübt mir dieſer Gedanke, und erniedrigend für das ſchäzbarſte Volk unter allen war, ſo ſehr erhob ſich wieder mein Herz bey Leſung E. E. ehrwürdigen Zeilen, und ich zog die Gedanken ab von dem Prinzen, weil deſſen, und ſeines Gleichen Ausſpruch die franzöſiſche Sprache nicht reicher und harmonischer, noch ihre jezigen Einwohner glücklicher erscheinen machen kann. Der, den aller Deutschen Zungen als den höchsten Erwecker, Beschüzer und Belohner der Talente unsrer Nation besingen, und ewig dessen Namen verheiligen müssen, wie at weit mehr in der Wagschale der Vernunft und der Einsicht . . . .

. . . . Verzeihen E. E. mir den Eingang dieses Schreibens: denn ich wäre nicht ruhig geworden, ohne diesen patriotischen Unmut dem Haupte unserer Ehre auszuschütten.

Bey der Abschrift der Syrischen Historie äuffert sich einige Schwierigkeit, die ich aber mit guter Art zu heben mich verpflichte. Es ist nicht die, die M. argwohnet; denn man giebt hier willig, was man hat. Die Jesuiten gaben vor einigen Jahren geheime Briefe der Protestanten von dem Koncilio zu Trident einem Zürcher abzuschreiben, ungeachtet sie durch mich wußten, wer er war. Nach erhaltener Erlaubniß des Pabstes, die ich selbst suchen werde, ist die einzige Schwierigkeit, einen Syrer zu finden, deren hier verschiedne sind,

XVI. Brief.

sind, welcher diese Abschrift in der vatikanischen Bibliothek selbst machen wollte, da nach des Kardinals Paßionei Tode, weil dieser sich zu viel Freyheit angemaßet, durch einen Bannfluch untersagt worden, die Bücher außer der Bibliothek zu geben. Von meiner Wohnung sowohl, als von dem Hause der Syrischen Mönche oder Maroniten ist die Vatikana drey starke Viertelstunden Wegs entfernt. Hiezu kömmt der vor einigen Tagen erfolgte Tod des ältern Aßemanni, der erster Kustos dieser Bibliothek war, und im 82sten Jahre verstorben ist, indem über die Besezung seiner Stelle viele Verwirrungen entstehen, da dessen Enkel der Erzbischof Evodio Aßemanni, Scrittore siriaco der Bibliothek, ein päbstliches Breve zu jener Stelle, zum Nachtheil des zweyten Kustos erschlichen hat. Wenn mir indeß E. E. die Vollmacht geben, den Preis der Schreibegebühren einzurichten, werde ich suchen die verlangte Abschrift zu bewerkstelligen.

E. E. erlauben wir, daß ich einige Kleinigkeiten von Pompejanischen Entdeckungen anhänge. In dem angezeigten Gebäude des

Gymnasiums dieser Stadt, mit deſſen Entdeckung man izo noch beſchäftigt iſt, und es den ganzen Winter über ſeyn wird, hat ſich in einer Kammer ein völliges geſatteltes Pferd gefunden, das iſt, ein Geripp deſſelben, an deſſen Zeuge alles, was von Erz iſt, wie Beſchläge und dergleichen, erhalten iſt, das Holzwerk aber des Sattels iſt verweſet. In einer andern Kammer neben dieſer hat man das Geripp eines Kriegers mit einem Helm auf dem Haupt entdeckt, imgleichen den Körper einer Frau in einem mit Golde durchwirkten Zeuge, deſſen eigentliche Beſchaffenheit ich jedoch noch nicht weis; denn gewiſſe Dinge werden nach ihrer Entdeckung verſchloſſen, und in der erſten Zeit nicht gezeigt.

Das Verlangen, welches E. E. nebſt allen Liebhabern der Wißenſchaften äußern, durch den Hof ſelbſt zu Napel einige völlige Beſchreibung dieſer Entdeckungen an das Licht gegeben zu ſehen, wird ſchwerlich zu hoffen ſeyn; ich wüßte auch nicht, wer ſie dort zu geben im Stande wäre, ſonderlich da dieſes eine Erforſchung iſt, die man beynahe von funfzig verſchiedenen Perſonen herauslocken

XVI. Brief.

auslocken muß. Es können aber vielleicht Umstände kommen, in welchen ich nichts zu befürchten habe, und die mir Sicherheit und Freyheit dazu geben. In dem fünften Bande des Herkulanischen Musei, welcher die Brustbilder von Erz liefert, sind einige so grobe Vergehungen, daß ich mich nicht habe enthalten können, dieselben in der neuen Ausgabe der Geschichte der Kunst anzumerken, weil diese Kritik nicht sogleich in die Augen fallen wird.

Die thörigte Eifersucht geht so weit, daß man mir nicht erlaubte, mit gemessenen Schritten zu gehen, weil man glaubte, daß ich Maaße nähme, wie ich in der That nahm. Ich war daher nicht zu bewegen, ihnen die Bedeutung einer ganz ausnehmend schönen, und zugleich gelehrten Statue zu sagen; sie kann ewig nicht ergänzt werden, ohne deren Bedeutung zu wissen, die schwerlich jemand anders angeben wird. Ich hätte es aber gethan, wenn man mir erlaubt hätte, einen bloßen Konture von derselben zu nehmen. Diese Statue ist, nicht zu Pompeji, sondern zu Bajä, durch einen Regenguß ent-

entdeckt wurden, da wo Schäze des Alterthums verborgen liegen, nach welchen zu graben allen Menschen untersagt ist. So traurig ist das Schicksal dieses schönen Landes, welches, nach einer langen Schlafsucht unter den sinnenlosen Oesterreichern, unter der Spanischen Eifersucht gefesselt, und davon der.... ein ungezogener Pursch ist, dessen gröste Augenweide darin bestehet, daß er junge und trächtige Rehe lebendig aufschneiden siehet, und seine Läufer zwingt, lebendige Frösche zu verschlucken....

Ich bin, mit der allerhöchsten Verehrung, E. E. des Vaters und Beschüzers der deutschen Fürstenlosen Musen, unterthäniger

Joh. Winkelmann.

―――――――――

XVII.

XVII.

Rom. den 30ten Jan. 1768.

E. E. höchstgeschäztes Schreiben ist gestern eingelaufen, und ich habe keinen Augenblick gesäumet, die verunglückten Lagen, auf das sorgfältigste eingepackt, H. G. nach Augsburg zu übermachen . . . Ich thue dieses mit dem größten Vergnügen, hätte ich auch zwey ganze Exemplare zerreissen sollen.. Der rühmlichste Beyfall für diese meine Arbeit wird seyn, wenn es den von E. E. und von dem deutschen Parnas zu G. erhält. Dasjenige aber, wohin ich bey Uebernehmung desselben aus Mangel der Kräfte nicht habe reichen können, werde ich in der neuen Ausgabe der Geschichte d. K. und in dem dritten Bande der Monumenti zu erhalten suchen.

Ein anders Schreiben von mir an E. E. ist auf dem Wege, nebst einer Beylage für Hrn. H. so daß mir nichts übrig bleibt, als die Anzeige eines neulich in den Grüften der Stadt Pompeji gefundnen Schildes von Kupfer, dessen Rand von Silber ist, so wie

wie der Kopf der Medusa, welcher auswärts in der Mitte den Umbo macht.

Es scheint, man wolle mir die Anwartschaft auf eine der obersten Stellen der Vatikana geben, die man Custodi nennt, weil man befürchtet, ich möchte, wie man hier denkt, bey einer guten Gelegenheit ut canis ad vomitum zurückkehren, da man wohl einsieht, daß die kritische Kenntniß der griechischen Gelehrsamkeit nur allein in mir besteht; so sehr sind wir herruntergekommen, und dieses ist die Frucht von der Erziehung, die in der Pfaffen Hände ist, und bleiben wird. Mathematiker wachsen uns wie die Pilze hervor, und im fünf und zwanzigsten Jahre kömmt diese Frucht zur Reife, ohne viele Unkosten, wenn zu jenem Studio funfzig und mehr Jahre, und entweder ein großer Beutel, oder der freye Gebrauch einer großen Bibliothek gebraucht wird, und in Deutschland giebt daselbe nirgends als in G. Brod.

Die Ehrfurcht gegen E. E. hält mich zurück, meiner Feder freyen Lauf zu lassen; ich kann ich kann aber nicht umhin bey aller Gelegenheit zu betheuren, wie ich mit der höchsten Verehrung bin und seyn werde E. E. u. s. w.

Winkelmann.

XVIII.

H. den 17ten Febr. 1768.

Ihr Schreiben vom 23sten vorigen Monats enthält so viele Merkmaale Ihrer Freundschaft gegen mich, und zugleich so viele interessante Nachrichten, daß ich solches mit so vielem Vergnügen als Dank empfangen habe.

Die Liebe des Ausländischen ist von langer Zeit eine große Hinderniß der Gelehrsamkeit in Deutschland gewesen. Schriftsteller wie Sie, und der verdiente Beyfall, den solche in und außerhalb unsers Vaterlandes erhalten, scheinen jedoch dieses Vorurtheil bereits dergestalt gemindert zu haben, daß ich

gestehen

gestehen muß, wie mir die gemeldete Aeußerung unerwartet gewesen sey.

Ich kann für die Bemühung nicht genug danken, die Sie sich wegen der von Hrn. M. verlangten Syrischen Historie geben wollen. Wenn die Kosten der Abschrift mit 200 Rthl. zu bestreiten sind, so bitte ich solche sogleich zu veranlassen, sonst aber mir den ungefähren Betrag der Kosten zu melden. Der eingeschränkte Fond, worüber ich zu disponiren habe, und die vielerley gelehrten Bedürfnisse, welche ich daraus bestreiten muß, sezen meinen guten Willen oft Gränzen.

Den Brief an Hrn. H. unsern gemeinschaftlichen würdigen Freund, habe ich solchem sofort zukommen lassen, und lege seine Antwort bey.

Ich habe aus jenem mit wahrem Vergnügen vernommen, daß ich Hoffnung habe, Sie noch in diesem Jahre hier zu sehen und zu sprechen, worauf ich mich sehr freue.

Ich will

XVIII. Brief.

Ich will Ihnen alsdann eine neue Auflage unsers Gesangbuchs vorlegen, woraus Sie sehen sollen, daß wir das Lied: Ich singe dir.... in solches gerückt haben, welches ich deswegen nicht übergehen kann, weil es auch seit langer Zeit einer meiner Favoritgesänge, sowohl in Ansehung des Textes als der Melodie, ist.

Meine Wünsche für Ihre Gesundheit und Ihr Wohlergehen sind um desto aufrichtiger, je mehr mir daran gelegen ist, daß die vorhabende Reise nicht unterbrochen werde, die mir die Gelegenheit verschaffen soll, Ihnen die Versicherung meiner vollkommensten Hochachtung mündlich zu wiederholen.

XVIIII.

H. den 20ſten Febr. 1768.

.... Weil durch die Erſetzung der beſchädigten Lagen ein ganzes Exemplar zerriſſen werden muß, ſo iſt es nicht mehr als billig, daß dafür die Zahlung geſchehe, wezu der Agent G. in A. die Anweiſung erhält. Ich hoffe, Sie werden uns zutrauen, daß wir den Werth dieſes ſchönen Werks erkennen.

Ich wundre mich nicht, wenn man alles mögliche thut, Sie in Rom zu feſſeln, und denen die Luſt zu benehmen, welchen die Begierde ankommen könnte, dieſe Ketten zu trennen. Es iſt ſolches ein Beweis, daß daſelbſt noch Kenner einer gründlichen Gelehrſamkeit ſind, zugleich aber eine Ehre für Deutſchland, wenn gleich ſelbiges nicht ohne Neid einen um die Wiſſenſchaften ſo verdienten Mann außer ſeinen Gränzen ſiehet. . . . .

... Man wünſchet in G. ſo ſehr die Syriſche Chronik zu erhalten, daß, wenn die zu der Abſchrift beſtimmten 200 Thl. nicht

nicht hinreichen, ich solche mit 100, auch höchstens 200 Rthl. hiesigen Geldes, zu vermehren bereit bin.

Ein solcher Beförderer guter Absichten, wie Sie sind, macht alles möglich. ...

XX.

Rom. den 30ten März. 1768.

E. Excellenz leztes Schreiben, wie alle vorhergehenden, voll Huld und Gütigkeit, traf kurz vorher ein, als ich den endlichen Entschluß gefaßt hatte, es koste was es wolle, mein Vaterland wieder zu sehen, und ich habe endlich zu dieser Reise die Erlaubniß ausgewirket, welche ich, in Begleitung eines bekannten römischen Bildhauers, gegen die Hälfte des Aprils über Wien antreten werde. E. E. gütigste Einladung nach H. und das Verlangen, Ihnen meine hohe Ehrerbietung zu bezeugen, hat nicht wenig zu jenem Entschlusse beygetragen; und ich bitte Gott, Dieselben bey hohem Wohl-

Wohlseyn zu finden. Es bleibet nunmehr aber nicht Zeit genug übrig, Dero, gegebenes Wort in Absicht des schönen Liedes zu erfüllen.

..... Die Abschrift der Syrischen Chronik wird bis nach meiner Rückkunft verschoben bleiben müssen: denn der Maronit, dessen ich mich zu bedienen gedachte, wurde krank, und da sich derselbe bessert, wird die Vatikana nicht geöffnet, daher ich auch die Kosten nicht kann überschlagen lassen.

In der süssesten Hoffnung, dem Vater und Erhalter der deutschen Wissenschaften die Hände zu küssen, ersterbe ich E. E.

unterthäniger Winkelmann.

XXI.

XXI.

Rom. den 30ten März. 1768.

Mein Theuerster Freund,

Ich habe die verlangten Bücher selbst besorgt, die vielleicht zu gleicher Zeit mit mir ankommen werden, denn ich bin endlich fest entschlossen, mein Vaterland zu sehen, und werde in wenigen Tagen von hier abgehen. G. deucht mich, liegt sehr entfernt von allen Orten, die ich berühren werde; aber ich werde suchen, diesen Besuch möglich zu machen. Ich bitte Sie aber, Niemand in S.... so wohl, als in G. diesen meinen Entschluß wissen zu lassen, weil ich in S.... wo der Hof einen erklärten... in hohen Schuz genommen hat, für meine Sicherheit, und vielleicht noch mehr zu besorgen hätte, wenn ich nicht unerwartet kommen, und unerkannt durchfahren könnte. Die unendliche Arbeit, die mir auf dem Halse liegt, erlaubt mir nicht mehr zu schreiben, und ich schließe mit der Versicherung einer immerwährenden Freundschaft als Ihr ganz eigner

W.

Ich

Ich bin gesonnen, von Leipzig nach Dessau zu gehen, wo ich meinen Stosch zu finden hoffe: und mit demselben werde dem Erbprinzen einen Besuch machen, und so weiter nach H. gehen, und alsdann nach Berlin. In H. wird von der Reise nach G. gesprochen werden.